Consultation

Pour

Mlle. R. R. M...

Demanderesse

en

Nullité de Mariage

devant

L'Officialité de Paris.

Pour

Mlle **Demanderesse**

en

Nullité de Mariage devant l'Officialité de Paris.

Si les lois sont muettes par elles mêmes, si elles n'élèvent pas la voix lorsque les méconnait et les viole celui dont elles règlent la capacité, dont elles protègent et assurent la tranquillité et le bonheur, ne croyons pas cependant qu'elles resteront sans vengeance. Expression de l'expérience et de la sagesse des tems, elles atteindront tot ou tard l'imprudent qui a voulu se soustraire à leurs salutaires commandemens et qui les a foulées aux pieds. Dans son malheur il sera forcé de venir implorer leurs secours afin de pouvoir se retirer du gouffre de maux où l'aura plongé cette désobéissance et cette violation. Et, si l'être faible qui les a transgressées par ignorance est puni, combien ne devraient pas l'être ceux qui les ont transgressées quoiqu'ils fussent commis à leur garde et chargés, soit par la nature, soit par leurs fonctions d'éclairer et de guider dans leur pratique la jeunesse sans expérience.

Mais les lois, semblables à une bonne mère, tendent toujours une main secourable à celui-là même qui les a méconnues lorsque la malice n'a point présidé à leur violation.

Pour prouver que Mlle a droit à leur secours exposons d'abord les faits, nous indiquerons ensuite les lois dont elle n'implorera pas en vain le puissant appui.

Faits.

Vers la fin de l'année 1814 Mr associé de la maison Ma... d'Angers voulant profiter des nouveaux débouchés que la paix générale venait d'ouvrir au commerce français, réunit une grande quantité de marchandises françaises, surtout en librairie; ces marchandises devaient obtenir un prompt et sûr débit particulièrement dans les Colonies françaises, en amérique et aux états-unis. Il partit donc avec sa paccotille et parcourut successivement la Guadeloupe, la Martinique, St Domingue et une bonne partie de l'amérique septentrionale. Le grand nombre de concurrents nationaux qui avaient tenté les mêmes spéculations et qu'il rencontra presque partout, empêcha M. [illegible] d'obtenir le prompt et facile débit qu'il s'était promis ; ce retard dans le placement de sa pacotille, les difficultés qu'il éprouvait pour expédier en france les marchandises coloniales qu'il avait reçues en payement et celles qu'il avait achetées retardèrent son retour en france au delà du temps qu'il avait compté en être absent. Ce fut au milieu de ces embarras qu'il apprit le retour de Buonaparte qui avait quitté l'isle d'Elbe ; cette nouvelle les augmenta ; il ne voyait plus la possibilité de faire rentrer ses denrées coloniales ; les chagrins qu'il en conçut altérèrent considérablement sa santé ; malgré toutes ces facheuses circonstances, il chercha à se défaire de ses marchandises, à les réaliser en espèces ou valeur de porte feuille afin de pouvoir sauver une partie de sa spéculation, et de rentrer en france le plustot possible ; à cet effet il s'arma de courage, courant de place en place et de pays en pays. Mme jeune femme, ayant appris cette triste position de son mari profita du départ d'un de ses parents qui allait en amérique pour aller le rejoindre, soit afin de soigner sa santé, soit afin de le déterminer à revenir aussitot en france ; comme la correspondance avec lui avait appris à mad. que son mari devait être à New-york ou près d'y arriver vers le commencement d'avril 1815 elle partit [illegible] d'angers avec Mlle Rose Renée sa belle fille, jeune personne née de son premier lit et agée de 17 ans et demi.

A bord du batiment qui les y transporta se trouva un Anglais le S. officier de la marine royale d'angleterre. Cet homme parlait beaucoup de sa famille, de sa naissance illustre, de sa fortune et sans [illegible] justifier ses assertions ; il était, disait-il, en congé et faisait un voyage d'agrément. le vaisseau arriva aux Etats-unis vers la fin de mars. Mad. et Mlle allèrent rejoindre à New-york où il était en effet leur mari et père qui ne les attendait nullement.

Le Sr. L nouveau lovelace qui voulait faire une victime n'eut garde de quitter un moment ces dames ; il les suivit à New-york et dès le 20 du mois de mai suivant il était devenu l'époux de Mlle R. Comme elle était étrangère, ainsi que ses parents, aux mœurs, au langage, aux lois du pays où elle se trouvait avec sa belle mère, le Sr L. se chargea de tout et amena pour la célébration un nommé Daniel Hall, homme sans caractère public reconnu, et attaché à une chapelle d'anabaptiste de New-york ; ce mariage se fit avec une précipitation telle que Mad[elle] fut d'abord mariée sous le prénom de <u>Rosine</u> au lieu de ses véritables prénoms de <u>Rose-Renée</u>. (Il n'est pas inutile de faire observer dès à présent, que ce Hall a été condamné depuis, pour <u>fait de marier, et de marier tout venant</u>.).

Neuf jours après eut lieu un second mariage devant un prêtre catholique de la même Ville, M. Fenwick.

Ces deux mariages, faits dans un pays que les époux n'habitaient que depuis quelques semaines, ne furent précédés d'aucune publication ; ils eurent lieu hors des Eglises et avec une sorte de secret. Le Consul de France à New-York, qui représentait l'officier de l'état civil, ni le chapelain attaché au Consulat, n'en eurent aucune connaissance. Jamais ces mariages n'ont été publiés en France, ni inscrits sur les registres de l'Etat Civil.

Immédiatement après cette union illégale M. et Mme M. repartirent pour les colonies françaises pour se défaire tant bien que mal de leurs marchandises et revinrent en France, à Angers leur domicile qu'ils habitèrent jusqu'en 1828 qu'ils vinrent s'établir à Paris. Melle partit pour l'Angleterre de New-York, en même tems que ses parens, avec le S[r] L.

A peine débarquée, cette jeune femme vit qu'elle avait été cruellement trompée par le S[r] L.

La Marine royale l'avait rayé de ses cadres pour mauvais service, et indiscipline ; sa famille le repoussait à cause de sa vie déréglée bien notoire, et son père mourant le déshéritait. Ce mépris, ce repoussement universel qui atteignait si justement le Sr L. rejaillissait sur sa nouvelle victime. Qu'on juge quelle devait être la position de cette jeune femme livrée à pareil homme par la plus inconcevable précipitation et contre toutes les sages précautions dont la loi fait un si rigoureux devoir dans cette importante circonstance de la vie.

Tel fut l'état où Mr M. revenant d'Amérique et passant par l'Angleterre trouva sa fille ; il dut la reprendre avec lui et elle revint en France et n'y a eu depuis d'autre domicile que le sien.

Le Sr L. — a continué dès ce tems, à mener, de Contrée en Contrée, la vie la plus vagabonde et la plus déréglée. La correspondance de M. Me avec l'Angleterre, lui apprend que cet homme, usant d'une faculté qu'accorde aux époux une coutume anglaise, de se remarier ou de convoler à d'autres noces, après sept ans d'absence de l'autre époux, s'est marié de nouveau ; et qu'en 1827 il a épousé écossaisement à Manchester la fille d'un nommé Norton md. brossier de cette ville. Le mode des mariages écossais usités en angleterre, l'absence des registres pour ces sortes de mariages, n'ont pas permis, malgré toutes les recherches possibles ; de se procurer l'acte de ce mariage ; mais la correspondance atteste ce fait qu'elle donne comme certain ; elle a également appris que le S.r a été vu plus récemment en prison à Londres sous le poids d'une accusation de délits entraînant la déportation à Botany-Bay, c'est-à-dire, une peine infamante.

Dans cet état et le 16 Xbre. 1829 Mlle. présenta requête à M. le Président du Tribunal Civil de la Seine pour être autorisée, en tant que de besoin, à la poursuite de ses droits et actions et à former contre le S.r L.d demande en nullité du mariage qu'elle aurait contracté avec lui. Légalement autorisée, elle a poursuivi cette demande, et le 20 Avril dernier elle a obtenu un jugement par lequel :

» Attendu la violation de l'Art. 170 du Code civil, le Tribunal déclare le » mariage contracté par la d.lle .. et le Sieur nul et de » nul effet, et remet les parties au même état où elles étaient auparavant

Ce jugement, signifié en due forme partout où besoin a été dès les premiers jours de mai, est passé en force de chose jugée. Ainsi plus de mariage civil, plus de contrat civil entre la d.lle et le S.r les liens qui auraient pu les unir, sont à jamais rompus : le S.r en se remariant dans les circonstances prévues par les lois Anglaises, les lois de sa patrie, et Mlle. , en implorant celles de la sienne, qui avaient été foulées aux pieds, sont à jamais devenus étrangers l'un à l'autre et ne peuvent plus ni ne doivent plus rien se demander comme époux aux yeux et en vertu d'aucune Loi.

Aujourd'hui et dans de telles circonstances, Mlle. ... est recherchée en mariage par un concitoyen, du même Culte, et de la même profession que ses parents, et avec lequel ils ont tous des relations longues et intimes. Mais avant de former des nœuds qui feront désormais son bonheur, un scrupule s'est toutefois élevé dans son ame ; elle s'est demandé si elle pourrait se présenter aux pieds des S.ts Autels avant d'avoir fait prononcer sur ce que son mariage avec le S.r... anabaptiste suivant toute apparence (puisqu'à New-yorck il s'est adressé de préférence à un espèce ministre de cette secte), sur ce que ce mariage, disons nous, peut avoir de religieux ou de sacramentel. Dans son doute, mue par des sentiments tout chrétiens, et tout respectueux envers l'Église, Mlle vient aussi implorer les secours que peut lui offrir cette tendre mère, pour briser ou plutôt pour déclarer la nullité des liens qu'elle aurait formés, afin de tirer la suppliante ainsi que l'ont déjà fait les lois civiles, de l'abyme de maux où l'ont jeté l'oubli de ses salutaires préceptes, une négligence et une précipitation que l'on peut qualifier de coupables. Pour la faire sortir de cet abîme, la rendre à la tranquillité de conscience et d'esprit, les lois de l'Église qui demandent d'ailleurs à être vengées, ne lui sont pas moins favorables que celles du Prince. Elle vient donc demander aujourd'hui à l'officialité de Mgr l'Archevêque de Paris son véritable pasteur actuel, la nullité du mariage ecclésiastique, si tant est, que dans de telles circonstances il ait pu y avoir mariage religieux. N'oublions pas que déjà le Tribunal Civil a prononcé qu'il n'y avait pas mariage civil, et que dans tous les cas un tel mariage était radicalement nul ainsi qu'il l'a déclaré.

Mlle fonde sa demande sur 1° sa propre incapacité, 2° sur celle du prêtre catholique ; 3° sur le défaut de publications de bans ; 4° sur ce qu'il n'y a pas eu de sacrement c'est-à-dire de contrat religieux.

Ce seront donc les lois ecclésiastiques relatives à ces divers points que nous avons à retracer et à examiner :

Avant de nous livrer à cet examen rappelons encore que les lois ecclésiastiques relatives au mariage ont presque toutes été tirées du droit civil romain et que nos lois françaises viennent de ces deux sources ; mêmes principes, mêmes précautions, mêmes conditions, mêmes capacités, mêmes formalités ainsi que nous l'indiquerons dans cet exposé. Les mêmes raisonnements, les mêmes raisons de décider applicables aux unes s'appliquent donc aux autres.

Voyons donc ces lois et commençons par les principes élémentaires afin de ne pas nous égarer dans une discussion qui n'est pas sans quelques difficultés.

Du Mariage, et du Sacrement de Mariage.

„ Le mariage, suivant la définition adoptée par presque tous les juris-consultes, les théologiens, les Canonistes et le Concile de Trente lui même, „ est l'union conjugale de l'homme et de la femme, qui se contracte entre deux

» personnes qui en sont capables *selon les lois*, et qui les oblige de vivre inséparablement l'une avec l'autre. »

« Le *Sacrement* de mariage est un sacrement institué par Jésus-Christ » pour sanctifier la société *légitime* de l'homme et de la femme. »

Remarquons bien les termes de cette définition. Le Sacrement *sanctifie* seulement le contrat ou la société de l'homme et de la femme; mais ne le forme pas. Cette société doit être *légitime* c'est-à-dire conforme à la loi.

Ces deux définitions parfaitement d'accord exigent donc toutes les deux que les parties contractantes soient capables *selon les lois*; mais selon quelles lois? Sans doute selon les lois civiles en tant que le mariage est contrat, et selon les lois de l'Église en tant qu'il devient sacrement, sacrement qui ne peut avoir lieu sans le contrat préexistant, puisque ce sacrement est institué pour le sanctifier et qu'il ne saurait sanctifier ce qui n'existe pas.

Or le mariage dont il s'agit est-il légitime c'est à dire conforme aux lois et par conséquent bon et valable? non certainement. Pour nous en convaincre comparons le aux lois de l'Église universelle et voyons d'abord ces lois

Des Conciles œcuméniques qui ont réglé le Mariage.

Le Concile général de Latran l'un des plus célèbres que l'Église ait jamais tenus, assemblé en 1215 et présidé par le pieux et savant pape Innocent III élève de l'université de Paris, statue ainsi dans son 51e chapitre. (1)

« Prædecessorum nostrorum inhærendo vestigiis, *clandestina* conjugia *penitus* » *inhibemus*: prohibentes etiam ne quis sacerdos talibus interesse præsumat. . . .
» Statuimus ut, cùm matrimonia fuerint contrahenda, in ecclesiis per *presbiteros* publicè » proponantur competenti termino præfinito, ut intra illum qui voluerit et valuerit legitimum » impedimentum opponat. Si qui verò hujus modi clandestina vel interdicta conjugia inire » præsumpserint. . . . etiam ignoranter, soboles de tali conjunctione suscepta *prorsus* » illegitima censeatur.

« Sanè parochialis sacerdos qui tales conjunctiones prohibere contempserit aut » quilibet etiam regularis qui eis præsumpserit interesse, per trienium ab officio suspendatur; » graviùs puniendus si culpæ qualitas postulaverit. »

C'est en vertu de cette décision que Clément V. excommunie, *ipso facto*, les réguliers qui y contreviendraient. Si nous remarquons attentivement les mots *penitus inhibemus*, l'*illégitimité* des enfans nés de telles unions:

---

(1). Ce chapitre, qui commence par ces mots, *cùm inhibitio*, statue sur ces deux empêchemens; la *parenté* dans les degrés prohibés, et la *clandestinité*. Les peines sont les mêmes pour les deux empêchemens.

Nous [illegible] dans ces deux empêchements, deux empêchements dirimants, dans cela, que signifieraient les mots si tranchants, si absolus *præcipimus inhibemus* ? et si de telles unions n'étaient pas radicalement nulles, comment le concile aurait-il pu déclarer illégitimes les enfants qui en naîtraient ?

C'est en effet parceque de tels mariages sont complètement nuls, que le pape Alexandre III dit, qu'il est du devoir des évêques de ne pas laisser vivre tranquillement comme mariées des personnes qui ne le sont pas légitimement, par exemple, dit-il, ceux qui ont reçu la bénédiction nuptiale d'un prêtre qui n'en avait pas le pouvoir, qui n'est pas le propre curé, *cui officii interest*. (1)

Ainsi le Concile de Latran et la jurisprudence qui s'en est suivie, veulent :

1°. que le mariage soit précédé de publications à distances suffisantes afin que ceux qui auraient des empêchements à faire connaître aux supérieurs ecclésiastiques, puissent le faire.

2°. Que ces publications soient faites par les curés (des époux) c'est à dire par le propre curé.

3° que le mariage soit célébré par l'un d'eux.

[illegible] sous la peine 1° de suspension pendant 3 ans ou de peines plus graves pour le célébrant ; 2° [illegible] pour les prétendus époux ; 3° et d'illégitimité, par conséquent, pour les enfants issus d'une union qui n'aurait pas été précédée et accompagnée de ces formalités ; et tout cela est conforme à la jurisprudence du royaume. La négligence qu'avaient apportée la plupart des ecclésiastiques à faire observer ces sages et salutaires dispositions, et à y tenir la main, l'ignorance et la malice des uns avaient amené dans la société chrétienne une grande corruption ; les mariages clandestins se multiplièrent à l'infini ; les mêmes individus en contractaient plusieurs et passaient d'union en union avant que l'autre conjoint fût décédé.

Pour remédier à un si grand mal, le concile de Trente rappela et remit en vigueur les salutaires préceptes de celui de Latran que nous venons de rapporter.

« *Idcirco*, dit le dernier concile, après avoir déploré la corruption qu'avaient amenée les désobéissances aux canons de Latran « Sacri lateranensis Concilii . . . . . . *Vestigiis*
« *inhærendo* præcipit (Sancta Synodus) ut, in posterum, antequam matrimonium contrahatur,
« ter a proprio contrahentium parocho, tribus continuis diebus festivis, in ecclesia inter mis-
« -sarum solemnia, publicè, denuncietur . . . . Parocho et duobus vel tribus testibus matri-
« monium (in facie ecclesiæ) celebretur . . .

« Qui aliter, quam præsente Parocho, vel alio Sacerdote, de ipsius Parochi, seu ordinarii licentiâ,
« et duobus vel tribus testibus matrimonium contrahere attentabunt, eos sancta Synodus ad sic contrahendum

(1) Chose remarquable cette jurisprudence est suivie par les Cours Royales et la Cour de Cassation.

„ omnino inhabiles reddit: et hujus modi contractus irritos et nullos esse decernit, prout eos, presenti decreto
„ irritos facit et annullat. . . . . . . Statuit que benedictionem a proprio parocho fieri, ne que a quoquam,
„ nisi ab ipso parocho, vel ab ordinario, licentiam ad prædictam benedictionem faciendam alii sacerdoti
„ concedi posse, qua cumque consuetudine etiam immemorabili, quæ potius corruptela dicenda est, vel
„ privilegio, non obstante. „ Viennent ensuite les peines graves prononcées arbitrairement contre
tous ceux qui méconnaîtraient et transgresseraient ces ordonnances.

Ainsi comme on le voit le concile de Trente n'a pas introduit un nouveau droit, de nouveaux empêchements ou des empêchements plus sévères ; il se rattache à celui de Latran, sacri lateranensis concilii vestigiis inhærendo. Celui de Latran même ne paraît pas non plus en avoir introduit de nouveaux, il tient le même langage, fait la même déclaration que celui de Trente ; il rappelle les monuments de la tradition : Prædecessorum nostrorum inhærendo vestigiis, clandestina conjugia penitus inhibemus. ainsi unité et perpétuité de doctrine.

Le Concile de Trente détaille, énumère, spécifie davantage seulement les formalités à suivre ; il dit combien de publications il faut faire, à quels intervalles, où, par qui, elles doivent être faites. Ayant tracé les formalités nécessaires à la validité du contrat qu'il semble séparer du sacrement par les dispositions pénales, le Concile de Trente dit ensuite par qui doit être conférée la bénédiction nuptiale, c'est à dire le sacrement.

Après avoir ainsi tout réglé pour empêcher et pour punir la clandestinité des mariages, si funeste à la tranquillité des familles et aux bonnes mœurs, le concile œcuménique ordonne, en ces termes, la publication de ses décisions. „ Ne vero hæc tam salubria præcepta quemquam
„ lateant, ordinariis omnibus præcipit ut, cum primum potuerint, curent hoc decretum populo publicari ac
„ explicari in singulis suarum diœcesum parochialibus ecclesiis, id que in primo anno quam sæpissime fiat,
„ deinde vero quoties expedire viderint. „

„ Decernit insuper ut hujus modi decretum in unaquaque parochia suum robur post triginta
„ dies habere incipiat a die primæ publicationis in eadem parochia factæ, numerandos. „

Il résulte de ce texte, et bien évidemment, que le concile a ordonné à tous les Évêques de la Catholicité, de publier ses décrets dans leurs églises et dans les cures dépendantes de leurs diocèses et ce dans l'année où il les a prononcés ; et que ces décrets seraient obligatoires trente jours après la publication qui en serait faite :

L'histoire du concile de Trente et celle de l'Église nous apprennent que le Pape après avoir approuvé tous les actes et les décrets de cette célèbre assemblée, les envoya dans toutes les parties de la chrétienté avec ordre à tous les fidèles d'obéir à ces saintes ordonnances.

Ainsi nul doute sur l'obligation et la nécessité où l'on est de suivre et d'exécuter dans toutes les parties de la chrétienté les décrets uniformes des conciles œcuméniques que nous venons de rapporter.

Dès

Du propre Curé ou des loix du domicile.

On entend par Propre Curé celui du domicile que les parties ont depuis six mois dans la paroisse qu'elles habitent ou depuis un an si elles ont changé de Diocèse. L'Italie est le pays où l'on exige moins de tems ; quatre mois suffisent, surtout s'il y a volonté de changer de domicile et dessein de se fixer dans un autre endroit ; la seule habitation ne suffit point. ex sola
» mora facta in loco non censeri aliquem parochianum hujus loci ; cum oporteat ut animus sit perpetuo
» morae. Gloss. in. lig.is qui de Sepult.

La loi du domicile n'est pas moins observée par le chrétien relativement à la réception des sacrements, qu'elle ne l'est par le citoyen pour l'exercice de ses actions et droits civils. aussi tous les canonistes divisent-ils, relativement à cette première observance, tous les sacremens en sacrements nécessaires tels que le Baptême, la Communion pascale, l'Extrême onction et le Viatique ; et en non nécessaires, tels que le Mariage et l'Ordre : quant aux premiers, disent-ils, on doit suivre la loi du lieu où l'on se trouve quand il est nécessaire de les recevoir. Pour les seconds, il faut et on doit suivre la loi du domicile, c'est à dire que cette loi suit partout la personne jusqu'à ce qu'elle ait manifesté la volonté de changer de domicile ; jusqu'à cette manifestation la personne est toujours réglée par la loi de son domicile qui règle l'âge, et toutes les conditions requises pour contracter, qui seule peut indiquer et faire connaître la capacité ou l'incapacité des personnes ; mais une fois que les personnes ont déclaré vouloir se fixer dans un nouvel endroit elles sont saisies par les loix de cet endroit et y sont soumises ; les loix de ce nouveau domicile peuvent donner de nouvelles incapacités ou faire disparaître les anciennes, c'est-à-dire changer l'état des personnes ; mais elles n'ont ce pouvoir qu'autant que la déclaration a eu lieu, ou que le tems requis pour la faire présumer, s'est écoulé.

On conçoit facilement les motifs qui imposent cette obligation de suivre la loi du domicile tant pour l'ordre que pour le mariage. ces motifs sont fondés sur la nature même des choses : la corruption, la confusion, les sacrilèges naîtraient de l'oubli qu'on en ferait.

Si maintenant nous comparons le mariage dont il s'agit avec les loix et les principes que nous venons de rapporter, nous trouvons bien évidemment : 1° que ce mariage est un mariage clandestin, puisqu'il n'a point été précédé des publications requises, et que surtout il n'a point été célébré par le propre Curé d'aucune des parties ainsi que l'ont ordonné à peine de nullité, de suspension, et de punitions graves, les conciles oecumeniques de Latran et de Trente.

2° Qu'il est nul de nullité absolue parce qu'il a été contracté par une personne qui était incapable de le contracter, d'après les loix de son domicile, celles, et les seules qui puissent régler sa capacité ; loix qu'il a suivies dans tout son voyage comme inhérentes à sa personne

Mais, nous dit on le Concile de Trente n'a point été promulgué à New-York, on ne l'y suit pas et les nullités qu'il prononce n'y sont pas admises ; le mariage dont il s'agit y a été célébré suivant les usages et les lois du lieu, donc il est inattaquable?

Cette objection nous étonne; elle est insoutenable; pour la faire disparaître rappelons que New-York n'a commencé à exister que vers 1620; et que les colons catholiques y sont venus de toutes les parties de l'Europe et que long-temps après le Pape y a créé un évêché; ce n'était donc pas dans le courant de l'année 1563 où a été renouvelé à Trente avec ordre de promulguer dans l'année, qu'a pu être publié à New-York le décret dont nous invoquons les dispositions. Si l'on ne suivait à New-York que les conciles qui y auraient été promulgués dans l'année de leur tenue, on n'y en suivrait aucun; nous pourrions demander à notre tour, si les Conciles de Jérusalem, de Nicée, d'Ephèse et de Constantinople y ont été promulgués et si l'église de New-York n'y suit pas la foi des pères de ces célèbres conciles. Certes qui oserait dire qu'ils y ont été publiés et qui pourrait nier qu'on y suive la doctrine de ces quatre Conciles? qui pourrait dire qu'ils n'y sont pas obligatoires? or si l'on ne peut nier cette obligation de suivre les dispositions des conciles dont nous venons de parler, pour quels motifs pourrait-on la nier à l'égard des deux Conciles œcuméniques de Latran et de Trente; si les premiers sont devenus lois universelles de l'église pourquoi les derniers ne le seraient ils pas dans les dispositions que nous invoquons; d'où viendrait cette étrange distinction? serait-ce que ce qui concerne le mariage serait moins utile que ce qui concerne tel ou tel dogme et que les avantages de la foi l'emporteraient sur ceux de la charité et des bonnes mœurs? Parmi toutes les actions et les actes de la vie humaine, en est-il un qui tienne plus aux mœurs et au bon ordre que le mariage? Certes, si les décisions qui règlent la foi et le dogme sont et doivent être universelles et suivies partout; pourquoi celles qui règlent le mariage, l'un des actes les plus importants de la vie de l'homme puisqu'il renferme à lui seul l'association des cœurs, des sentiments, des réputations et des vies; qu'il est la source et la garantie des bonnes mœurs, du bon ordre et de la perpétuité de l'espèce, pourquoi, disons nous, les décisions qui règlent le mariage ne seraient elles pas également universelles, surtout quand elles ont été promulguées dans les assemblées générales de l'Eglise, c'est à dire; dans les conciles généraux et par quelle singulière exception ne le seraient elles pas aussi bien que les décisions dogmatiques? s'il en était autrement ne pourrait-on pas dire *quid valeant vanae sine moribus leges*.

Ainsi nul doute sur l'obligation de suivre à New-York, comme partout ailleurs, les décisions des conciles de Latran et de Trente en ce qui règle les conditions et les capacités requises par ces conciles pour pouvoir contracter mariage d'une manière légale? L'Eglise de New-York aurait-elle et peut-elle avoir à elle seule d'autres règles que celle de l'Eglise universelle? qui peut le dire, et où sont ses privilèges? si elle en avait, elle se serait fait une loi, une croyance à part et indépendante du chef de l'Eglise universelle. Ce qui n'est pas, et ne peut-être à moins qu'on ne soit dans l'hérésie. Cette coutume de marier secrètement tous venans, de de n'exiger d'eux aucunes formalités, aucunes conditions, n'est-elle pas une source de dépravations? Corruptela dicenda est, disent les Pères de Trente. Voyez les mœurs des pays où cette anti-sociale coutume s'est établie. Mais, dit-on elle favorise les mariages, elle les multiplie. Nous venons de dire avec l'expérience des siècles, qu'elle favorise les trompeurs et la corruption, met partout le désordre et fait des victimes, toutes choses qui n'ont point de rapport avec le mariage, ainsi que l'entend tout honnête homme.

Une telle coutume ne peut faire loi, un tel abus n'est pas règle, et ne doivent pas conséquent pas servir de motifs pour décider contre l'exsuppliante, mais plutot pour lui faire obtenir une sentence favorable. Toujours l'Église de France s'est distinguée par la pureté de sa doctrine, de ses mœurs et sa stricte observation des canons. Les coutumes des autres églises ne lui ont jamais servi de règles ni de modèles, elle a toujours rejeté les nouveautés, et s'est le mieux défendue exclusivement de la discipline, telles sont ses libertés.

Admettons malgré l'évidence des choses que les conciles de Latran et de Trente, que la tradition de toute l'Église, soient inconnus à New-york et n'y soient pas obligatoires; il resterait à Mlle . . . à recourir aux lois de sa patrie, à celles de son domicile, qui, tant qu'elle n'a pas manifesté l'intention d'en changer, gouvernent et règlent sa capacité.

Si, comme chrétienne elle est fille de l'Église universelle; si, quelque part qu'elle soit sur la terre, elle se trouve toujours dans son sein, il ne faut pas oublier aussi qu'elle est fille de l'Église de France, qu'elle est enfant de la France qui suit religieusement, dans les points qui nous occupent, les décisions des conciles et de Latran et de Trente.

Or comme appartenant à cette église, comme citoyenne du royaume, elle est soumise à leurs lois respectives; ces lois tutélaires règlent sa croyance et sa conduite et la protègent partout; elle reste soumise aux lois de l'Église de France qui ne sont autres que celles de l'Église universelle; comme sujette du Roi elle doit obéir à celles qu'il a promulguées. Ces deux lois en tant qu'elles régissent la personne, c'est-à-dire la capacité et la qualité de français et de chrétien, la suivent quelque part qu'elle aille tant qu'elle n'a pas manifesté l'intention d'y renoncer pour adopter une autre patrie et pour se soumettre à d'autres lois. C'est là un principe incontestable proclamé par l'une et l'autre législation.

Ainsi tant que l'homme n'a pas fait cette adoption, il reste soumis aux lois de sa patrie naturelle; ces lois continueront à régler sa capacité et son état, même malgré lui; elles ont leur effet indépendamment de sa volonté; car l'état des hommes en lui même, ne dépend pas de la reconnaissance ni du désaveu qu'ils en peuvent faire; il ne dépend ni des conventions privées ni du silence, ni de la participation à la violation de la loi, en un mot l'état des hommes ne leur appartient pas, il est en dehors du droit privé; il est tout entier du droit public. Ainsi de ce qu'un individu aura conspiré contre la règle il ne s'en suivra jamais qu'il se soit donné un état que la loi lui refuse parce que la désobéissance n'est pas mérite ; et que l'abus ne forme pas le droit : jus publicum , privatorum pactis mutari non potest. l. 20 ff. de relig. Or les lois civiles et religieuses qui régissent la france et auxquelles est soumise la suppliante, donnent des incapacités absolues et radicales, et sont des empêchements dirimans pour pouvoir contracter mariage sans publications préalables de ban, et sans la présence du propre Curé : et, ce propre Curé qui ne peut s'acquérir que par six mois de résidence publique et animo manendi ne pouvait jamais être en Amérique pour Mlle M. qui ne faisait que d'y arriver, non pour s'y fixer, mais pour y aller chercher son père.

La législation religieuse de New-york, si tant est qu'elle diffère de celle de l'Eglise catholique, et de france ; ne peut donc régir les conditions du mariage dont il s'agit ; il importe peu par conséquent que ce mariage ait été fait suivant tel loi, lois grosses de morale relachée, de licence, d'imprévoyance et de corruption ; mais il importait de savoir si cette union était conforme aux lois dont nous venons de parler, et nous avons trouvé que non.

Ce serait inutilement que l'on invoquerait la maxime locus regit actum. Cette maxime est vraie, elle tient aux droits des gens, elle s'applique aux contrats qui sont de ce droit, mais elle ne s'y applique et ne les règle que pour la forme seulement ; il est donc vrai de dire que la forme du contrat se règle par la loi du lieu où il est passé, et ce contrat est valable en cette forme pourvu que tout ce qui touche à la substance même du contrat, aux qualités et aux conditions qui déterminent la capacité des contractans, soit régi et réglé par les lois du domicile des contractants eux-mêmes ; Or, nous avons fait voir cidessus que ces principes s'appliquent à la réception des sacrements de l'Ordre et de Mariage.

« La célébration en face de l'église par le propre curé n'est pas une pure forme d'actes, » dit Pothier (N.° 363, du contrat de mariage) qui soient et qui puissent être réglés par la » loi du lieu où ils se passent ; mais une obligation que les lois imposent aux parties qui » veulent contracter mariage, et à laquelle celles qui y sont soumises ne peuvent se soustraire. »

Nous croyons avoir démontré jusqu'à l'évidence que la maxime locus regit actum n'est pas applicable à la nature de l'acte qui nous occupe, et qu'elle ne regarde que la forme ; que ce qui tient à la nature, à l'essence de cet acte et aux conditions nécessaires pour pouvoir le faire, doit être, et est réglé de fait par les lois du domicile qui reste inhérente à la personne tant qu'elle ne s'en est pas dépouillée. D'un autre côté les faits que nous avons rapportés dans toute leur exactitude établissent que Mlle M. qui n'avait d'autre patrie et d'autre domicile que ceux de son père et de toute sa famille n'a jamais cherché, avant son prétendu mariage, à changer de domicile, ni de patrie. Comme son père, qui était temporairement absent, et qu'elle était allée rejoindre au delà des mers, elle était voyageuse et comme errante à sa suite. Dans son voyage elle a eu le malheur de rencontrer un véritable vagabond, un homme qui probablement ne s'éloignait de son pays que pour faire une dupe; qui a artificieusement employé tous les genres de séduction, la fraude, le mensonge et profité de l'ignorance où étaient la d.lle et ses parents, des mœurs, de la langue, des lois et des usages d'un pays étranger, pour commettre à l'égard de cette jeune mineure une espèce de rapt, de séduction. Le S.r n'a évidemment fait procéder avec tant de rapidité à son mariage; n'a ainsi foulé aux pieds toutes les lois civiles et religieuses; n'a agi en fraude de leurs sages et tutélaires dispositions, que pour ravir à M.lle et à ses trop faciles parents, les moyens et les profits qu'ils auraient certainement tirés du bénéfice du temps, c'est-à-dire, la connoissance de sa personne et de son état civil et domestique. C'est un ravisseur qui s'est empressé d'enlever frauduleusement sa proie avant qu'on ait pu le connaître et savoir ce qu'il était. Or tous les bons canonistes tiennent pour certain que le rapt de séduction n'est pas moins un empêchement dirimant le mariage que celui de la violence. Raptus virginum potest considerari non solùm praecisè, sed etiam ex _persuasione fallaci_ quae quidem magis offuscat animum violentia quàm metus. Albertin. in leg. 1. c. 1 de rapt. Virg.

N'y aurait-il pas d'ailleurs dans l'espèce présente, une erreur de personne, de qualité et de condition. M.lle a cru épouser un officier de la marine royale d'Angleterre, un homme ayant une position sociale, ce n'est qu'un tel homme qu'elle a entendu épouser, et au lieu de cela il s'est trouvé un vagabond, un homme qui n'est plus ce qu'il dit être, c'est-à-dire, officier de la marine Anglaise; c'est un homme chassé de toutes parts, repoussé de sa famille et déshérité par son père. hé - combien n'est pas coupable et pervers le fils auquel ne pardonne pas un père mourant! Où est donc l'homme social, l'homme moral qu'a cru épouser une jeune personne belle de jeunesse et de vertus? c'est dans de telles circonstances et pour ses motifs que l'Officialité de Paris déclara nuls deux mariages en 1699 et le 26 mai 1700. L'Officialité s'appuya sur le sentiment de S.t Thomas et aprécia les circonstances de ces mariages.

Le mépris des lois et la clandestinité du mariage dont il s'agit sont donc portés au plus haut degré d'évidence. Cette clandestinité forme une _nullité absolue_ et _radicale_ du lien religieux et un empêchement dirimant devant lequel le mariage ne saurait ni ne peut tenir. Comment donc ne seraient pas écoutées les prières de la suppliante?

Or à l'égard des nullités absolues, dit le célèbre Cochin dont nous nous

» plaisons à rapporter les éloquentes paroles, il n'y a jamais de fins de non recevoir lors-
» que celui qui les propose a un intérêt réel de s'en servir et surtout lorsqu'elles sont proposées
» par un des Conjoints même, parcequ'il est impossible que les Juges suppléent à ce qui est
» de l'essence même du sacrement c'est-à-dire du contrat religieux.

» Ainsi lorsqu'un des deux conjoints demandera la nullité de son mariage et proposera
» pour moyen une nullité absolue; jamais on ne peut refuser de l'entendre, par exemple,
» lorsqu'il dira que le mariage n'a point été célébré devant le propre Curé des parties, parceque
» la présence du propre Curé est de l'essence du mariage; ainsi que l'ont décidé, et l'édit de
» 1637 et les canons des Conciles.

Ici il est important de faire observer que l'édit de Blois et celui de 1637 que nous venons de citer, ont passé tout entiers dans le Code Civil et que le propre Curé a été remplacé par le propre officier de l'état civil, c'est-à-dire par celui du domicile, les principes n'ont donc pas changé; les raisonnemens et les conséquences doivent donc être les mêmes, ainsi que l'application corrélative des lois qui régissent le lien civil et le lien religieux.

» Si quelqu'un, ajoute le célèbre Jurisconsulte, est intéressé à contester la validité
» d'un mariage, c'est assurément un des deux époux qui l'ont contracté; il s'agit de son
» propre sort; il s'agit de savoir pour la femme si elle a véritablement un mari ou si
» elle n'en a pas.

Déjà les lois civiles interrogées par Mlle. M   lui ont répondu qu'elle n'en avait pas, comment donc la religion, l'Eglise dont les lois ont été violées et foulées aux pieds pourraient elles dire qu'elle en a un; pourraient-elles trouver bon et valide ce que la loi Civile, après un mur examen, a trouvé mauvais et qu'elle a déclaré nul et de nul effet?

N'est-il pas de principe parmi tous les Théologiens et les Canonistes, que le Contrat civil de mariage est la matière, la base, le fondement et la cause du Sacrement du mariage; que pour être élevé à la dignité de Sacrement ce contrat doit être légal, légitime et parfait en soi, car Dieu n'a pas voulu sanctifier toutes conjonctions, mais seulement celles qui se font selon les lois reçues dans la société civile; Dieu ne bénit que ce qui est bon et conforme à l'ordre. Ce n'est que d'un mariage fait d'après ces principes que Tertulien a dit: Ecclesia conciliat et confirmat
» oblatio, et obsignat benedictio; Angeli renunciant, Pater ratum habet.

Mais quand le contrat est nul par défaut de consentement légitime, par violation des lois, le Sacrement n'y peut être attaché, et ne peut rendre le nœud indissoluble; or le consentement n'est pas légitime quand il n'est pas conforme à la loi, ni quand il a été donné en la violant.

Les

Les lois, tutrices perpétuelles de l'homme déterminent sa capacité, règlent sa volonté, dirigent ses actions; quand, dans leur sagesse et l'expérience qu'elles ont eu du cœur de l'homme, elles ont tracé, à peine de nullité, la marche de son action; quand elles lui ont donné le flambeau rigoureusement nécessaire pour l'éclairer et sans lequel elles ont déclaré sous peine d'égarement qu'il ne peut marcher; alors elles prononcent que celui qui les méconnaît, les transgresse et les viole, est comme un être privé de raison; comme un insensé qui n'a plus de volonté ni de capacité et qui ne peut consentir à rien.

Tels ont été le Sr L   et la Dlle M.   Il ne suffit pas qu'ils aient voulu se prendre pour époux, qu'eux et les parents de cette dernière y aient consenti; il faut, il est rigoureusement nécessaire, comme nous venons de le dire, que ce consentement soit légal et conforme à la loi. C'est dans cette conformité seulement que consiste l'essence de tout contrat, de tout lien légitime, et surtout l'essence du sacrement de mariage. La bénédiction du prêtre, qui n'en est que la forme, qui, en y survenant au nom du Ciel et en s'y appliquant, *rive* pour ainsi dire, le consentement légal, l'élève à la dignité de sacrement, en fait un vrai sacrement, et lui fait produire des effets spirituels.

Mais quand ce consentement légal vient à manquer, quand cette essence du lien n'existe pas, la bénédiction du prêtre ne porte sur rien, la matière, la base, la cause du sacrement manque, il n'y a pas de sacrement, il n'y a pas de mariage puisqu'il n'y a pas de contrat.

Ici on fait une objection, et on dit qu'il peut y avoir des mariages valables comme sacrements, et nuls comme contrats civils.

Dans cette objection on confond le contrat *du* mariage qui n'est autre chose que le sacrement quand il est conforme aux lois et qu'il a été béni, avec le contrat *de* mariage qui n'est qu'un contrat civil, réglant les intérêts des époux et de leur famille; la nullité du contrat de mariage ne porte que sur les effets civils et non sur le lien en lui même. Or il ne s'agit ici que du lien et non de ses suites. — Il n'y a que trois cas où les mariages puissent être valables comme liens ou sacrements et nuls quant aux effets civils. Savoir 1° lorsque le mariage a été tenu caché et secret pendant toute la vie de l'un des conjoints. 2° les mariages faits *in extremis* par des époux qui, jusqu'alors avaient vécu ensemble dans un mauvais commerce. 3° les mariages qui ont été contractés par des personnes mortes civilement depuis.

Dans ces trois cas le mariage comme sacrement peut être valable en lui même, il a pu être fait par le *propre Curé* et précédé de publications, ou fait avec dispense, en un mot il a pu être fait conformément aux lois; Mais celui qui nous occupe ne rentre dans aucune de ces trois espèces, l'objection ni la distinction proposées ne peuvent donc l'atteindre ni valoir pour le faire maintenir, ce mariage est nul en lui même, et d'une nullité radicale et absolue. C'est ce que nous croyons avoir démontré et prouvé en effet.

Nous avons jusqu'ici supposé avec tous les auteurs que le mariage dont il s'agit aurait pu devenir sacrement s'il avait pu devenir un vrai et bon mariage par l'observance de toutes les lois qui régissent ce contrat et nous avons dit que s'il y avait pu avoir contrat il y aurait pu avoir sacrement ; mais que celui-ci n'a pas eu lieu parceque celui-là n'a pu se former ni exister. Nous n'avons nié l'existence du lien civil légal qu'afin de nier celle du lien religieux ou sacrement sur lequel s'élevait quelque doute dans l'esprit de la suppliante ; Car nous n'avons pas à nous occuper devant l'officialité du contrat ou lien civil qui n'est pas de sa compétence, mais seulement du sacrement ou lien religieux qui est tout entier de son ressort comme tenant à la conscience et à la règle des moeurs qu'il n'appartient qu'à l'Eglise de diriger. Il nous reste donc à dire en peu de mots qu'il n'y a pas eu de sacrement quoiqu'il ait pu y avoir un lien Civil.

Le prêtre Catholique qui a célébré l'espèce de mariage dont il s'agit, a purement et simplement reçu hors de l'Eglise et non en face de l'Eglise le consentement informe et illégal des parties, ce qui a pu former une espèce de contrat tel quel ; mais il ne leur a point donné, ni pu donner la bénédiction nuptiale ! Or, cette bénédiction qui est la forme du sacrement et sans laquelle le consentement ne devient point sacrement ne peut jamais être donnée dans un mariage entre Catholique et hérétique. C'est ce que défendent expressément, le Pape Clément VIII. et le Concile d'Agde. Voyez Collète tom. 14. ed. in 8. pag. 167.

La raison de cette défense est que l'hérétique est perpétuellement en état de péché mortel et que le sacrement du mariage est un sacrement des vivants qu'ils ne peuvent jamais recevoir en cet état sans une horrible profanation ; et le plus grand profanateur serait moins le pécheur qui le recevrait que le prêtre qui le lui conférerait sachant bien que ce pécheur est actuellement en état de péché mortel. Qu'on ne dise pas que profaner un sacrement n'est pas moins le recevoir ; en agir ainsi c'est rendre mauvais ce qui est bon ; abominable ce qui est sacré, et rien de plus ; qui peut maintenant soutenir que tout cela produit des effets, oblige à quelque chose, si ce n'est à le faire disparaître et à l'anéantir.

Il n'y a donc pas eu de sacrement ni par conséquent de mariage canonique, ni de mariage civil, donc Mlle   est libre de sa personne.

Conclusions.

Après avoir narré les faits, réuni comme en un faisceau les lois et la doctrine de la matière, nous avons fait voir : = 1°. Que ce mariage est abusif parceque dans la célébration qui en aurait été faite on a commis plusieurs contraventions aux canons et aux lois ; = 2°. qu'il est nul et de nullité absolue parcequ'il n'a pas été revêtu ni accompagné de toutes les formalités et conditions essentielles et requises pour la validité d'un tel acte. = Nous avons tiré cette nullité : 1°. de l'absence de toute publication ; 2°. de l'incapacité et de l'incompétence de celui qui l'a reçu, c'est à dire de l'absence du propre Curé, 3°. De l'incapacité de l'une au moins des parties contractantes Mlle M.   ; 4°. du rapt de séduction et de l'erreur de la personne sociale et morale = Nous avons dit à ce sujet que les empêchements tombent sur les personnes qui contractent, et que les contrats sont nuls de plein droit parceque les parties contractantes sont inhabiles à contracter ; que cette inhabilité ou incapacité quant au contrat et sacrement leur est inhérente et les suit partout, qu'il n'y a eu ni l'un ni l'autre. = Qu'en un mot un mariage contracté dans toutes ces circonstances n'en est pas un, mais une union illicite, irrégulière et irréligieuse qui doit cesser.

Ainsi l'estime et le pense sincèrement le conseil soussigné.

Ducros (de Sixt)

Avocat à la Cour Royale de Paris.

Délibéré à Paris, ce 12 octobre 1830.

www.ingramcontent.com/pod-product-compliance
Lightning Source LLC
LaVergne TN
LVHW052035160826
845678LV00003B/1352

* 9 7 8 2 3 2 9 6 3 8 3 4 8 *